Espejos adversos
FRAN SIERRA

"POEMAS ELEGIDOS"

Sobre el autor:

Micro biografía de Fran Sierra, Francisco Serra:

Escritor de aforismos, reflexión etc.
Poeta y pintor.
Creador muy muy activo, tiene creados miles de escritos, entre sus creaciones, varias páginas web como por ejemplo en Google o Facebook...
Tiene trabajos realizados vinculados al teatro.
Es colaborador en infinidad de grupos literarios, webs y revistas poéticas
como por ejemplo la revista "Repoelas"
Nacido en Santander, el mar para él es una gran fuente de inspiración como
también lo son los paisajes, la belleza conjunta, y la montaña baja más solitaria
de los pensamientos mezclados con cigarrillos adornando el eclipse
de nuestros días.
Es muy activo culturalmente, charlas, recitales, reuniones con compañeros
y amigos artistas y no artistas, lectura, cultivo del lenguaje y del
aprendizaje, presentaciones, etc.
Ha publicado hace ya algunos años una revista la cual él ha sido el fundador
y editor, gestor etc.   La revista la llamó: "Los Ecos Sumergidos"
con su colaboración y la de varios artistas.
Ha publicado por editorial: "Simulación A Deshielo" siendo éste uno
de sus primeros poemarios.
Después ha publicado por Amazon los siguientes libros de poesía:

"Gladiadores De Lo Tenebroso"   "Poesía En Entrañas"
"Todos Tenemos Una Parte De Cuervo"   "La Poesía Folladora"
"Recopilatorio Aproximado" "CúBICO 2"
"En El Ojo Está La Locura"   "Círculo Vicioso" "La Voz Que No Tiene Habla"
"El Tesorero De Las Sombras" "Las Extensiones De La Boca Del Lenguaje"
"El sexo anal de las ranas" "Espejos adversos" "Poesía con corazón"
y algunos más.
Síguelo en Facebook en la página: Fran Sierra, Francisco Serra poeta
O en instagram: fran_sierra_poeta.
https://www.facebook.com/fransierr/
https://www.instagram.com/fran_sierra_poeta/

POEMAS:

Número 1:

Muertos de plástico aproximan veletas.
Pactos como heces vomitan falsedad y
exilio abdominal.
Regurgitado de dientes masticados oscilan
entre el fuego ya quemado y el estiércol
ya digerido.
Guantes de miel poseen piel de diafragma
y estufa de candelas ya corroídas en su
propio llanto ya dilatado por el auxilio de
las vacas en ese infierno que es el nuestro.
Pasado y asteroides mastican hostilidad en
miércoles santo, un día cualquiera de la
semana pegajosa que hoy no susurran los
enanos del telediario que casi nadie ve por
la falta de conciencia.
Iris y plata fuman los plátanos tropicales
mientras absorbe el tiempo a los no elegidos.
Hoy los posos del aguardiente que bebe el
loco del bloque tres del departamento doce
del manicomio del asalto alto que hierve no
tienen penumbra gracias a la duda de los gorriones
que ayer desistieron de las flores muertas que
reptaban por acantilados sedientas y psicóticas.
Los acuartelamientos del patio largo, del lago largo
fornicaban vegetativos con la vista cansada pero
el alma rebosante de luminosidad y delirio
transparente.
Carnívoros ojos derrochaban esa oscilación que
muchos ansían y pocos proyectan no haciendo suyo
el saco de la vida, el secreto es fracaso.
Niega la voz muerta la nieve que usted susurra.
Lágrimas adhieren la hiel hilada en sustancias
prohibidas.
Los lunares de este solsticio que precede neurótico
advirtiendo muñecos de metal y risotadas de plástico

no internan flores de ala de mariposa recién extraída.
Tranquilo, la vertiente solo trepa cuando
la flor del vertedero más cruel y pura que existió y existirá
penetraba hostilidades en cauces de lima absorbiendo
cáscaras del sobrante del precipicio más atroz y suicida
de la poesía del exterminio más exterior dentro
del internamiento más humano y consciente de que jamás
conocerán los que encarcelan, es decir los carceleros no
los encarcelados.
Los tambores despacito ponían los palillos en su sitio y los
platillos de sala de rock and roll solo muelen a salvajes que
advierten pero no alardean en su exterior no realidad. Paraguas.

Número 2:

La vida
son películas de pájaros
brotando esmeralda y en contraste
martillazos de un falo escupiendo fuego y semen de
diablo, la vida y la muerte.

Número 3:

Somos ordinaria,
somos cúpulas de tinto expulsando,
roca masticamos o por lo menos yo mastico roca,
porque en la estadística de los pulmones está la
llama del accesorio y diurna procede bebible.

Existe existencia y extinción, ya ves…. en los parámetros
está la cura y hay eléctrica.

Humus brota en el cielo
frágil de la vida.

Canciones de ecos se escuchaban a lo lejos.

Rompe el timón acelerado por los presagios y las
lágrimas de los sentimientos que a veces
lloran despiertos,
la noche termina y resucitas de energía dentro
de la brusquedad.

Barcos y arcones tiñen de madrugada mi mirada por
consecuencia y existir impermeable de las vivencias.

Somos ordinaria,
somos culpables de las exhalaciones del náufrago

entre escasez y veredas de triangular tiniebla mezclada con ambrosía y tenedor al descubierto y con coces de ansia y hiel.

¿Quizás el cielo sangre nostalgia por pura necesidad?

¿Quizás el cielo me rija de sus pasos en nuestros pasos?

HOGUERA.

Su roce me sedujo y nuestros muslos pecaron en incendio, rojo fuego, fuego rojo, sexo. 7

Hermosos delincuentes muslos como muslos de pollo hirviendo en el pasado de un infierno actual, rastrillo.

El cielo y la tierra, el reloj, su tic tac y el global del tiempo.

Número 4:

La literatura maldita y la maldición en sí,
yo creo que es comer y merendar en vertederos
repletos de precipicios y estar tan bien acogido por
los sonidos fantasmales de las urracas, tucanes, avestruces
puestos de LSD hasta el culo, halcones, muertos varios escupiendo
nostalgia y malditísmo que el iris brillante de tus branquias esposen
derrumbe de pasión y atún de delirio apasionado y ésto te inspire a hacer
arte, un arte que no es muy bien acogido, pero siente de verdad, expresa y enamora.
Tal vez los años no pasen en balde pero todos somos la misma válvula que devora
nuestros días y los excipientes de nuestras pastillas relucientes indican que hemos
ido más allá.
¡y no te creas!   Querido enemigo, la bestia de tu sangre con brotes de dejadez no

deja de indicar constantemente que estas más muerto que ayer cada día que pasa

más y más.

Las cloacas del mundo advierten que el fin ya se acabó hace décadas y que tan solo como

dijo mi amigo Juan y su lobo era tan solo un eclipse el que mutilaba a las habitaciones dormidas

y al susurro del canto despierto del pajarillo que éste en cambio sí vivía, proyectaba luz a los

demás, lloraba sin consuelo por un motivo, reptaba en invierno, rezaba por sus hermanos, silbaba

al silencio, también a la soledad, estorbaba al enemigo para beneficio de un sigilo y "su territorio", copulaba sin distinción, bebía hasta sangrar burbuja, orinaba para fertilizar plantas

para así hacer crecer un bosque cualquiera, medicaba a los santos, construía catapultas a los

ángeles caídos y para que los demás no vieran ni sintiesen a los demonios, silbaba canciones silenciosas para notas musicales de canciones y artistas muertos, pedía limosna en la cola del paro y en ocasiones el gurú le daba migas de pan bendecidas por la nostalgia y el sentimiento,

y así un largo etc. Así se da voz y termina este poema
condecorado por las serpientes que habitan por debajo
(como suburbios) de las
plumas de los pajarillos que son mis hermanos y amigos.

Número 5:

Las gacelas de hoy
hierven tempestad y camino
porque su fragua helada
sostiene oscilaciones de
tormenta,
aunque tú tranquilo,,,
ninguna miseria de un miserable
cualquiera te hará no brillar
como tú siempre sí lo haces
ya que con el cóndor con el
que conversas cada atardecer tú
tienes bastante y además los
cadáveres de luz blanca y roja
te guían junto a los gurús y a las
replicas de las reliquias imborrables
de los cangrejos muertos que a tus
azules ojos aguardan,
no romperás …. tu amuleto
…………………………..
y tu fragua de nuevo imborrables
no se desintegrarán jamás,

navegarás profundo siempre
entre amaneceres hirviendo hielo
como buena llama a la
cautela para tu naufragar
de perfección, genialidad,
magia y buen corazón puro
de estrellas, luna y lluvia.

Número 6:

Navegando y respirando entre los mismos excrementos de aquel ser sagrado que silbaba a los
cadáveres queriendo exaltar precipicios de jaula solamente por embellecer la vida y en su totalidad la humanidad que sobrevive entre ruinas,
muchas ruinas y carcajadas de excrementos, hiel y humedad.
Una mosca volando adormecida alumbra esta penumbra.
(....como llama abrasando abrazo en la guerra más cruel y sangrienta
  que existió y desorbitaron péndulos de ritmos asimétricos escupiendo
  láminas de látigos extensibles exterminando títeres de trapo y alcohol que
    por un lanzallamas de un jodido diablo de la misma guerra que
      nombro y a la que me refiero y ven mis ojos amputando
        serpientes por dentro como un sueño inconfesable
         ..hirieron a las inmunes libélulas compuestas
          de limón y aire.....)

Los cánones hoy no escritos del todo descomponen el campo del
látigo que hace tiempo nombré y se enfocaba en el ojo del huracán,
oráculo de serpiente, hueco de cuenca más que abatida y vacía por
las tráqueas del amanecer... y distante …... te fumas otro cigarrillo.

Ya …..... la brisa de tu depresión no órbita....
tréboles al nuevo amanecer vierten quemados barros brillando fuego.

Azares al nuevo naufragio tragan acción de disparo.

Quedan tintas muertas que en unos días quizás desaparezcan
y proyecten como pintura en papel para poesías.
Quizás desaparezcan los dibujos como papelina de heroína
hirviendo ruina, hambre y sed de existir.

Poesías escritas en carne viva y con el sudor de tus
circuitos cerebrales allanando huerta y exprimiendo las
frutas de lo que contiene tu alma y muy importante
tu oscuridad.

La brisa que antes nombraba
ahora tiene calavera de futuro   ya que las   mareas
como las témporas cambian su guión y su
rumbo constante y a la vez terminal.

Los dedos como dedos de una mano de tocar pianos
dan vida a lo inerte.

Ráfagas de llamas como gargantas
esputan y vomitan la tragedia que hoy es auxilio
aunque a la vez consuelo.

Los recuerdos son casi lo único que a mis
azules ojos verdosos hacen sonreír y sentir y después
llorar como mares a los que les faltó un naufragio
que recolectara:

"peras, limones, cerezas, lima, cocos, yuca, jengibre.....
asfaltos......................

Número 7:

En todos los sitios hay poetas.
En los bancos solitarios de una
plazoleta de las de toda la vida.
En los precipicios,
en las cunetas,
en los contenedores,
en los cristales relucientes rotos,
en la inmensidad,
en las azoteas abandonadas donde
no viven ni las ratas y eso que esto
es por culpa de otra especie de ratas
más miserables que cualquiera,
en los bares de pensión y fuego.
En los acantilados,
en los arcoíris recién pintados
y recién paridos.
En las alamedas, acompañados de
sonidos de máquinas traga-perras,
en otras ocasiones por sonidos de
musicalidad y abeja compañera,
hay poetas en las estaciones de bus

con partida hacia nuevo y lindo camino.
Hay poetas en los aeropuertos.
En las lágrimas de un libro siempre
insisten.
Hay poetas volando sobre su nada.
Hay poetas en el bullicio.
Poetas solitarios......
Hay poetas solitarios en los
bálsamos de una ola.
Hay poetas que se bañan con

su soledad y aprietan al camino
para poder sobrevivir.
Salta.
Salta y abre camino que
ese ser volador que ves
es el aura que te hizo hijo
del ecosistema, este ecosistema
de colores y voces convertidas
en jilgueros.
Tu ser acariciará a las estrellas
sin nombre que Julio Verme en
ese sueño que cuenta un libro

indagó, pintó y creo un día en invierno.

Espejos adversos

Fran Sierra//Sierra Fran

Haz contacto con el autor:

Página de Facebook: Fran Sierra, Francisco Serra poeta

Instagram: fran_sierra_poeta

https://www.facebook.com/fransierr/

www.fransierra.com

https://www.instagram.com/fran_sierra_poeta/

Tienes disponibles algunos de mis libros entrando en Amazon y escribiendo
en el buscador: Fran Sierra o Francisco San Martín Serra...

También le puedes seguir en: fransierra.com
con algunos de sus poemas, escritos, reflexiones,
aforismos, fotografías del autor actuando en lugares,
visitas de la página, otras web como páginas de
Facebook, descripciones, alguna reseña, varios
prólogos de algunos de sus libros poéticos, tienda Amazon,
videos de su canal de youtobe, etc.

RECUERDA: Fran Sierra, Francisco Serra poeta - Facebook

Por favor no te olvides de poner valoraciones en Amazon

Si te gustan mis poemas, gracias..

"Al igual que si te a gustado este pequeño libro de poesía
Te pido por favor le pongas un comentario, valoración o
Reseña en la página de amazon donde están estos libros"

Recuerda muchos de mis libros de vez en cuando gratis en
Kindle unlimited para que los leáis más cómoda y económicamente.

Otros libros de poesía del autor:
Gladiadores de lo tenebroso...
Otoño, poesías románticas...
Recopilatorio aproximado...
El sexo anal de las ranas...
Poesía con corazón...
Las extensiones de la boca del lenguaje...
Halcones negros...
Simulación a deshielo...
Poesía en entrañas...
Circunferencias rojas...
Serie: Poesía, escritos al amor, escritos a la locura, escritos al surrealismo y algunos otros libros independientes más.... "escribe por favor valoraciones si te gustan los libros de este autor..."

Poema 1
Los valores esenciales

Entendiendo lo comprensible,
mis sobrinos son mis luces,
mis faros,
el recelo que torna amaneciendo
el salitre rojo que erosiona a mis neuronas,
las pupilas de barro sepultaron iluminación,
pero tu voz, tu espíritu y tu alma
quebraron las branquias de hiel
que el pelícano acontecía susurrando
cariño y sabiduría,
no tiréis por el camino de todos
hacer por la humanidad,
esta humanidad que ha muerto.

Próxima página explico mejor de que consta la serie y los libros que componen...

Del libro: Poesía, escritos al amor,
En Amazon...

....

Poema del libro: (Poesía), escritos al amor, libros de una pequeña serie poética que consta de éste que ya he dicho: Escritos al amor, escritos a la locura y escritos al surrealismo, por lo menos de momento...

Espejos adversos
FRAN SIERRA

Espejos adversos

Fran Sierra//Sierra Fran

FIN...

www.ingramcontent.com/pod-product-compliance
Lightning Source LLC
Chambersburg PA
CBHW031558210526
45464CB00003B/1328